Welcome to our HappyStoryGarden!

Copyright © 2024 by Viktoriia Harwood

All rights reserved.

No part of this book may be reproduced in any form or by any electronic or mechanical means, including information storage and retrieval systems, without written permission from the author, except for the use of brief quotations in a book review.

Виктория Харвуд

Карманный Оракул

550 ПРЕДСКАЗАНИЙ

СОВЕТОВ И СЛОВ ПОДДЕРЖКИ, ВОЛШЕБСТВО И УНИКАЛЬНЫЙ ОПЫТ МУДРОСТЬ ЛЮДЕЙ ИЗ БУДУЩЕГО

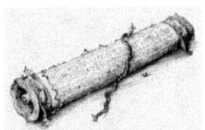

"Жизнь – это не просто проживание дней, а создание истории" - Ральф Уолдо Эмерсон.

"Мир есть огромная коллекция субъективных моделей мира. И каждому из них он старается соответствовать. Великий спектакль, великой силы, которая подстраивается под то, во что вы верите. Вот в чем, собственно, игра!"
 Радион Маркес

☆ ОРАКУЛЫ ☆

Кто они?

В древности, когда боги еще общались с людьми, существовали жрецы, служившие связующим звеном между небесными силами и смертными. Они были оракулами, которые передавали предсказани от имени божестватем, кто искал ответов и направления в своей жизни.

Величественные храмы и священные места стали ареной, где оглашались эти предсказания, и люди с трепетом вслушивались в каждое слово, считая его непреложной истиной.

Но оракулы были не просто посредниками между богами и людьми. Они были источником мудрости и знаний, которые пронизывали их существование.

Их суждения и пророчества признавались бесспорными, а их слова влияли на судьбы целых народов.

Величественный Дельфийский оракул, сидящий в своем храме на склоне горы Парнас, был несравненным мастером предсказаний. Легенды гласят, что он передавал пророчества самого бога Аполлона, и его слова считались непреложной истиной.

Но что делало его таким могущественным? Может быть, это была его связь с таинственной силой, которая выбирала его в качестве оракула. И кто знает, какие еще силы источались из его храма, оставаясь тайной для самого оракула. Возможно, он сам мечтал о покое и спокойной жизни, но судьба наделила его непреодолимой силой предсказывать будущее.

Дельфийский оракул - воплощение загадочности и мудрости, который оставил свой след в истории и до сих пор восхищает нас своими предсказаниями.

Если в рутине дней мы испытываем затруднения в принятии решений, часто нам не хватает мудрого совета или моральной поддержки.

Исторически люди обращались к предсказателям, чтобы получить помощь и направление.

Мы живем в современном мире.

Попробуйте получить совет и поддержку в ваших делах с помощью этой книги и вашей интуиции!

Для начала, сфокусируйтесь на вашем вопросе и возьмите книгу в руки. Затем, откройте ее наугад и прочтите, что написано на странице. Именно той, куда направлен ваш взгляд.

Поверьте, что ваша интуиция, ваше высшее Я, ваши ангелы помогут вам найти нужный ответ именно для этого момента, а также подтолкнуть в правильном направлении или предостеречь от чего-то. Все возможно!

Верьте в себя, доверяйте себе, своей интуиции и чудесам.

Уверена, очень скоро перед вами начнут открываться двери для более верного и наилучшего пути для вас.

Эта методика гадания очень древняя. Вы можете верить или не верить в этот метод… И все-таки, такое простое гадание может быть полезным для того, кто ищет новые идеи и перспективы, кому нужна поддержка в течение длинного дня, поддержка в принятии решения, тем кто ищет себя на пути духовного роста.

Помните, окончательный выбор всегда остается за вами. Используйте предсказания как дополнительный источник информации, но доверяйте своей интуиции и собственному разуму.

Живите с удовольствием! Пусть каждый день радует вас!

Хотите создать настроение? – Возьмите в руки эту книгу, и откройте наугад!

Хотите получить моральную поддержку перед поездкой или выбором? – откройте любую страницу не задумываясь!

Вы хотите понять перспективы от отношений или ситуации? – ваша интуиция ищет возможность подсказать вам! Попробуйте с помощью этой книги получить сообщение для вас!

Вы стоите перед трудным разговором? – Открывайте книгу, пролистав немного, не читая, остановитесь!

Вы получите подсказку как поступить.

Есть еще и более полная Инструкция:

1. Возьмите в руки закрытую книгу и приготовьтесь к увлекательному путешествию в мир предсказаний. Представьте свой вопрос и сосредоточитесь на нем в течение 5 секунд. Позвольте вашей энергии взаимодействовать с вашим подсознанием и высшими силами.

2. Теперь пришло время задать свой вопрос вслух или мысленно. Почувствуйте, как ваша рука сама начинает двигаться и открывает нужную страницу. Это магия момента, когда ответ, раскрывается перед вами и заставляет задуматься.

3. Помните, для каждого нового вопроса необходимо повторить все предыдущие шаги.

4. Вы можете задать только три вопроса в течение дня.

Так что?

У вас есть вопрос, который требует ответа?

Будьте готовы к волшебству и книга откроется именно на той странице, с теми словами, что вы должны услышать!

Не воспринимайте предсказание-совет буквально.

В каждом кусочке текста есть ключ, которым можно открыть дверь, уводящую вас от проблем, на более ясный путь, к новым возможностям.

Будьте счастливы, вы созданы для этого!

Мудрость Оракулов

Инстинкт многих — сделать все возможное, чтобы получить признание окружающих, но это порыв, который крадет время, энергию, психическое и физическое здоровье.

Если кажется, что цель недостижима, меняйте план действий. Верьте в себя!

Вещи, места и детали якорят разные истории нашей жизни.

Вам надо вспомнить пару приятных историй. Это даст вам необходимый прилив сил.

Иногда ваши эмоции затмевают здравый смысл.

Взять контроль над своими эмоциями - замечательное достижение.

Вам следует позаботиться о своем питании. Избегайте переедания и вредных продуктов или есть когда вы действительно голодны.

Развивайте безоговорочную веру в себя.

Вера в себя — это когда вы продолжаете двигаться вперед, даже когда все вас от этого отговаривают.

Лидер должен хотя бы примерно понимать, что он хочет получить в результате.

Ваша мечта должна содержать картину достигнутой цели, а не сценарий и средства ее достижения.

Избегайте лишних трат, вам следует разобраться со своими финансами.

Не тратьте время на бесполезные занятия,
лучше сконцентрируйтесь на более важных задачах.

"Действительность — это то, чего никогда не было и никогда не будет, а только есть — единожды и сейчас. Действительность существует лишь один миг, подобно кадру на киноленте, который перемещается из прошлого в будущее." В.Зеланд

Пришел момент уделить время своим близким.

Ваша любовь и страсть привлекут в вашу жизнь новые возможности и встречи.

Не тратьте время на ненужные споры и конфликты, учитесь находить компромиссы и решать проблемы мирным путем.

Вы стоите перед еще одним испытанием, оно поможет стать сильнее. Все хорошо, и вы на верном пути.

Используй правило "пяти почему".

Ссылка №1

Вы сумеете обрести гармонию и счастье, если будете жить в гармонии с природой и принимать все вокруг таким как оно есть.

Доверяйте себе и своей интуиции.

Не откладывайте важное дело на завтра, сделайте его сегодня.

Изменения всегда происходят постепенно, даже в том, что касается вашей собственной точки зрения.

Ваш труд и усилия будут вознаграждены. Ожидайте признания и повышения в карьере.

Если ваша женщина плачет, вы теряете деньги.

"Ложные убеждения необходимо отсеять. Тогда сознательный разум снова начнет воспринимать свои истоки и откроется для внутренних каналов величия и силы." Джейн Робертс

Ваше здоровье требует внимания.

Если вам нужна помощь, просите!
Один человек откажет, а два помогут.

Ваше творческое начало будет процветать. Не бойтесь выразить себя и делиться своими идеями.

Вам следует быть осторожным с финансовыми решениями. Постарайтесь избегать рискованных инвестиций.

Начинайте каждый свой день с благодарности за то, что у вас есть. Посмотрите, что будет…

"Во многих случаях люди знают истины, которые они не осознают с помощью интеллекта. С незапамятных времен они чувствовали эмоциональную подзарядку от бури, и это, конечно, именно то, что происходит. Этот процесс представляет собой постоянный, необходимый и выгодный обмен, который приводит по крайней мере к некоторому балансу." Джейн Робертс

Попросите о помощи и вам помогут.

Кто-то нуждается в вашей поддержке.

Думаю, вы найдете свой собственный голос в искусстве и не только.

Завтра ваш удачный день!

Настало время подумать, как избегать сиюминутных желаний.

Единственное ваше обязательство осознать, что именно вы и есть хозяин своей судьбы.

Освойте новое хобби, вас ждет успех и удовлетворение.

Все что вам необходимо в этой жизни, научиться быть счастливым, независимо ни от кого и ни от чего.

Сейчас кому-то грустно, что вы не пишете и не звоните. Исправьте это!

"Сила создавать собственную жизнь и сейчас обитает внутри вас — с самого рождения и даже раньше." Джейн Робертс

Ваша энергия и хорошее настроение, залог удачного дня!

Все хорошо, а будет еще лучше!

Относитесь к неудачам спокойно. Каждая неудача – это инвестиция в будущий успех и плюс жизненный опыт.

"Не обращайте внимания на тех, кто думает, что вы сходите с ума, ни на тех, кто говорит вам, что вы совершаете ошибку, ни на тех, кто просит вас вернуться обратно на тот путь, который они считают правильным. Мечтайте о том, о чем хотите мечтать, идите туда, куда хотите идти, будьте тем, кто вы есть, так как жизнь неповторима. Помните: вы — дверь, которую вы до сих пор так безуспешно искали." Карл Густав Юнг

Высказывайте свое мнение всегда, когда вас спрашивают или это необходимо. Помните ваши уникальность и точка зрения ценны.

Сегодня удачный день начать что-то новое.

Вам стоит подойти к зеркалу и сказать своему отражению, что любите и прощаете себя.

Пусть ваши шутки всегда вызывают смех и радость у окружающих. У вас хорошее чувство юмора.

Проведите "мозговой штурм" и составьте список всех возможных вариантов решения проблемы.

Ваша жизнь улучшится, вы будете уметь выражать благодарность и признательность за маленькие радости жизни. Постоянно.

Не сомневайтесь в своих способностях. Будьте уверены.

Умение управлять своими эмоциями – ваша основная задача на ближайшие дни.

Счастье — это умение принимать и ценить то, что у вас есть вместо того, чтобы сосредотачиваться на том, чего у вас нет.

Держите себя в руках и держитесь!
Скоро, очень скоро станет легче!

Если вам нужно сделать что-то неприятное, представьте, что вы актер, играющий роль в комедийном спектакле.

"Жизнь человека, как и любое другое движение материи, представляет собой цепочку причин и следствий. Следствие в пространстве вариантов всегда расположено близко по отношению к своей причине. Как одно вытекает из другого, так и близлежащие секторы пространства выстраиваются в линии жизни." В. Зеланд

Вам нужен сильный честный и активный партнер.

Создавать личные границы нужно.

«Серотонин здорового человека» - учиться гордиться собой! Вспоминаем маленькие шаги для дофамина — вот здесь тот же принцип: гордимся даже маленькими победами и поступками! Ну ... «делать что-то, что поможет собой гордиться»

Смех — это лучшая медицина, поэтому не стесняйтесь смеяться над собой и ситуациями вокруг вас.

Подумайте о том, чтобы завести питомца.

Сегодня вы будете настолько энергичны, что сможете зарядить свой телефон только своей улыбкой.

Любая боль проходит. Все проходит и становится воспоминанием. Думайте о хорошем.

Представьте себе возможные последствия вашего решения и подумайте, сможете ли вы справиться с ними.

Поставьте себе вопрос: "Какое решение будет наиболее поддерживать мою мотивацию и энтузиазм?"

"Самая большая сила — это способность сохранять спокойствие внутри себя, даже когда все вокруг кажется хаосом." - Далай Лама

Хотите спать спокойно, держите рот на замке.

"Ни на одной яблоне не пытаются вырасти фиалки." Джейн Робертс

Мудрость — это не знание, а способность применять знания в практической жизни." – Аристотель

Пространство для роста у каждого из нас находится в улучшении наших самых сильных сторон.

В ближайшем будущем вы встретите человека, который станет вашим надежным другом и поддержкой на протяжении всей жизни.

Вас любят.

Ваша творческая энергия на пике, и скоро вы создадите что-то удивительное, что принесет вам признание и успех.

Быть в доверии — это как попасть в эльдорадо, ведь из доверия вытекает уверенность в том, что все идет хорошо и будет хорошо, это рождает состояние легкости, покоя и радости.

"Быть собой. Заниматься собой, своим развитием. Не связывать свое благополучие с другими людьми. Создавать свой мир. Вам не надо ломать голову над решением проблем. Ставьте цель и двигайтесь к ней. Все проблемы и противоречия разрешатся в пути, сами собой, так или иначе."

Вадим Зеланд

Любовь — это когда вы готовы принять другого человека со всеми его недостатками и ошибками, не уничижая себя и свои интересы.

Ваша интуиция будет вашим лучшим советником, доверьтесь ей и она приведет к успеху.

Дельта боли — это разница между уровнем недовольства сегодняшним положением и той точкой, куда человек хочет прийти.

Ссылка№4

Ваше окружение будет поддерживать вас и помогать вам достичь ваших целей. Не бойтесь просить о помощи.

Находясь в подчиненном положении, отмечайте для себя его преимущества. Ведь кто-то другой сейчас «на линии огня», а вам не нужно нести ответственность за других и беспокоиться об отстаивании своей позиции.

Ваше прошлое будет влиять на ваше настоящее. Извлеките уроки из прошлого опыта и используйте его для своего развития.

Вам следует быть готовым к трансформации себя, переменам, жертвам и отказам ради достижения своих целей. Иногда нужно отпустить старое, чтобы привлечь новое.

Вам следует обратиться к своему внутреннему мудрецу и найти ответы внутри себя. Одинокий путь приведет вас к истинному пониманию и просветлению. Спрашивайте самого себя чаще!

"Ненависть к войне не принесет мира. К нему может привести только любовь к миру." Джейн Робертс

Вам следует быть осторожным с тем, кому вы доверяете. Не все люди окажутся искренними и верными.

Ваше подсознание играет важную роль в вашей жизни. Будьте внимательны к своим сновидениям и интуиции.

"Вы никого не можете спасти. Вы можете присутствовать с ними, можете предложить им свою заземленность, свое здравомыслие, свой покой. Вы даже можете разделить с ними путь, предложить им свое видение. Но вы не можете убрать их боль. Вы не можете пройти их путь вместо них." Джефф Фостер

Скоро ваше сердце будет наполнено любовью и страстью. Откройте свое сердце и позвольте любви проникнуть в вашу жизнь.

Ваше имя и фамилия будут иметь сильное влияние на вашу судьбу. Изучите значение и символику своего имени и фамилии. Вас ждут интересные открытия в вашей родословной.

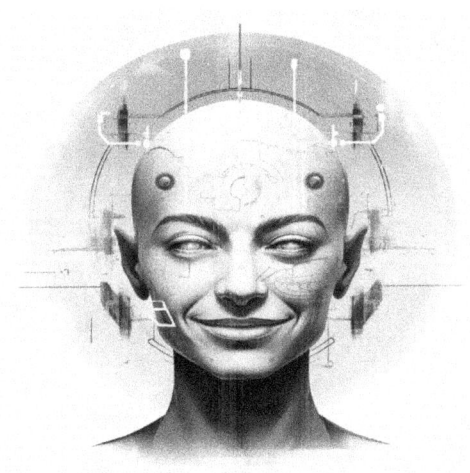

Вам следует обратить внимание на числа, которые постоянно привлекают ваше внимание. Они могут содержать важные послания и указания от вашей высшей сущности.

Ваша память остра и надежна, словно вы обладаете компьютерным хранилищем информации. Используйте это.

"Вы не несете ответственности за то, чего ждут от вас другие люди. Если от вас ждут слишком многого, то это их ошибка, а не ваша вина." Ричард Фейнман

Вам удастся избежать всех стрессов и негативных эмоций в этом году.

Поставьте себя на место других людей, чтобы понять, как ваше решение может повлиять на них.

Следующий год принесет удачу в ваших делах.

Проведите анализ потенциальных препятствий и проблем, чтобы разработать стратегию их преодоления.

Наконец, доверьтесь своей интуиции и примите решение, с уверенностью в том, что вы сделали все возможное для принятия правильного выбора.

Вам стоит попрактиковать умение слушать и быть эмпатичным к другим людям. Подумайте над этим.

Очень скоро у вас будет возможность путешествовать. Вникайте в особенности каждой новой культуры, в дальнейшем это может вам пригодиться.

"Безмолвие ума — само по себе красота. Слушать птицу, голос человека, речь политика или священника, весь непрерывный шум пропаганды, слушать в полном безмолвии — это услышать гораздо больше, увидеть гораздо больше." Дж. Кришнамурти

Сделайте селфи себя смеющегося,
посматривайте на фотографию время от времени.

Существуют такие люди, которые умеют любить ни за что ...

Будь готов к неожиданным поворотам событий, которые могут привести к новым возможностям и успехам.

Мне везет во всех моих делах, удача всегда со мной! Все что происходит со мной, происходит к лучшему!

Вы найдете новые способы быть счастливым и испытывать глубокую радость в своей жизни.

Важно научиться жить в настоящем моменте и наслаждаться каждым днем.

Будь готов к небольшим приключениям.

Будущее обещает процветание и финансовую стабильность.

Никому не удастся остановить вас, пока вы идете к своей мечте.

Остановитесь! Посмотрите на ситуацию под другим углом. Вы найдете неожиданное решение.

"Если вы подолгу думаете о препятствиях, то натолкнетесь на них. Вы должны мысленно создать новую картину. Она будет отличаться от той, которую в любой момент времени передают физические органы чувств, причем именно в тех областях, где необходимы изменения." Джейн Робертс

Вы любимы и лучшее что вы можете сделать для себя, это быть счастливым.

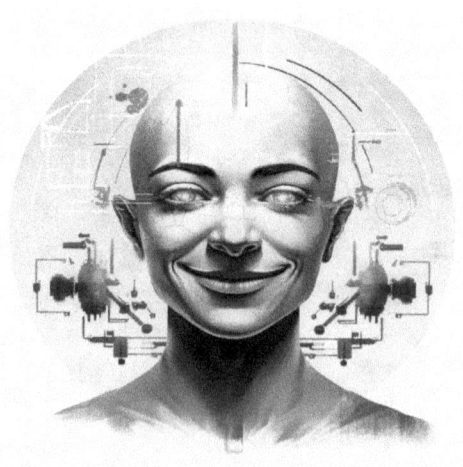

Пройдя через этот опыт, вы обретете лучшую версию себя.

"Твое счастье не может прийти снаружи."

№ 5

Ваша любовная жизнь ожидает перемены. Возможно, встреча с новым партнером или укрепление отношений с существующим.

Делайте то, что вызывает у вас смех, или будьте с людьми, которые побуждают вас смеяться — смех является очень высокой вибрационной энергией, даже если мы смеемся над собой!

Счастье — это нечто, что вы создаете внутри себя, а не что, что ищете снаружи.

Счастье — это не вещи, а состояние ума.

Удача любит смелых! Посмейтесь над трудностями и все у вас получится.

Учитесь сдаваться и вы увидите, как красиво ваша судьба приведет вас к лучшему.

К черту разочарование! Очарование звучит лучше!

Помните кто вы и во что верите. Это поможет преодолеть любые трудности на жизненном пути.

Повторяйте себе снова и снова: Я люблю себя! Я прощаю себя! Я верю себе!

Пора прекратить постоянно притворяться, время от времени побудьте самим собой. В этом есть своя прелесть.

Невозможно быть хорошим для всех. Не старайтесь, делайте лучшее что можете. Помните о себе.

Вы идете в нужном направлении. Удачи!

Еще не время, эта дверь откроется перед вами сама в нужное время.

Ищите в себе ресурсы, они у вас есть. И высыпайтесь!

Вы полны жизни и энтузиазма, особенно на следующей неделе.

Нарабатывая позитивное мышление, вы привлекаете в свою жизнь лучшее для себя.

Сосредоточьтесь на поиске возможностей, это поможет найти верный путь.

"Прислушайтесь к собственным мыслям, которые возникают у в процессе жизни. Какие идеи вы себе внушаете? Поймите: именно они материализуются в вашей жизни." Джейн Робертс

Обижаться – не лучшее решение. Пора взрослеть и стараться увидеть ситуацию в целом, делать выводы, это поможет двигаться вперед.

Мир любит вас и желает только хорошего.

Встретьтесь лицом к лицу с вашими страхами и рассмотрите их как возможность духовного развития.

Не следует гоняться за мелкими выгодами.

Вы умный красивый взрослый ответственный и адекватный человек.

Играйте со своими домашними животными — наши домашние животные дают нам урок безусловной любви, которая всегда поднимает вибрации и придает силы.

Вы имеете право сделать выбор в любой момент. Верьте в лучшее!

Рецепт Доверия - Защита, контакт, энергия, упорство -> доверие.

У вас всегда есть выбор! Сделайте его!

Наберитесь терпения. Успех и удача на вашей стороне.

Оставьте обиды, будьте выше этого. Улыбайтесь и мир вокруг начнет меняться.

Ваши мечты очень скоро станут явью.

Чрезмерный рационализм убивает магию жизни.

Дела идут хорошо, следуйте своему сердцу.

Пора сходить с другом в бар с друзьями.

Ваш потенциал и возможности безграничны. Помните об этом.

Ставьте амбициозные цели, мечтайте! Мечты сбываются!

Будьте осторожны с мыслями, не все они ваши, некоторые навязанные.

Практикуй самоанализ и рефлексию, чтобы понять свои сильные и слабые стороны.

Вам пора начать писать картины. Начните делать наброски.

Самая большая мудрость — это понимание, что мы все еще учимся и растем.

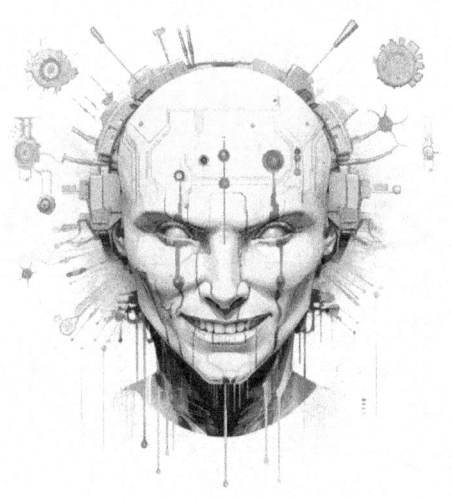

Вы сможете найти решение для любой трудной ситуации.

Чтобы быть добрым человеком постоянно, важен хороший контакт со своей силой.

Счастье надо создавать самому. Никто за вас этого не сделает.

Вы молодец! Вы все делаете правильно!

Поддерживайте баланс между работой и отдыхом, чтобы избежать переутомления.

Берегите и цените себя! Вы лучшее что у вас есть.

Находясь в доминирующем положении, наслаждайтесь уважением других и возможностью выбора, вместо того чтобы испытывать давление извне.

У вас отличная иммунная система, поговорите с ней! Здоровье – это важно.

Миритесь с тем, что вы не можете контролировать все вокруг.

Ссылка №3

Попробуйте смотреть на мир через розовые очки иногда - буквально или фигурально. Стоит ли быть настолько материалистом?

Настоящие друзья всегда будут рядом с вами.

Время отдохнуть и посмотреть хороший фильм. Все остальное подождет.

Купите себе торт!

Поставьте себе задачу найти хотя бы одну вещь, где можно посмеяться. Смейтесь чаще!

Я личность, Я формирую своё физическое окружение. Я изменяю и создаю свой собственный мир. Я свободен от пространства и времени. Я часть всего сущего. Внутри меня нет места, где не было бы созидания!

Сегодня вы будете принимать только правильные решения! Будьте уверены!

Пора сказать "нет" манипуляциям ближних.

"У вас есть право быть, существовать, чувствовать то, что чувствуете, думать то, что думаете. У вас есть право на радость, и право на печаль. И право на сомнения тоже." Джефф Фостер

Воспользуйтесь советом, что вы получите сегодня. Он поможет вам.

Представьте, что вы выступаете перед большой аудиторией. Вы все делаете правильно.

Очень скоро вы будете гордиться кем-то из своих близких.

Вас ожидает встреча с долгожданным успехом, но он решит опоздать на 15 минут.

Ваза в вашем доме стоит в ожидании прекрасных цветом. Не так ли?

Умение себя защищать и глубокое чувство права себя защищать — это абсолютная база, необходимая, чтобы выходить в мир дальше своего дома.

Вас ожидает необычный подарок от судьбы - пачка печенья, в которой все предсказания будут сбываться. Надо ее найти. Интуиция подскажет где.

Выходите на прогулку, свежий воздух, шум деревьев восстановят ваши силы. Посидите на скамейке в парке, посмотрите на плывущие по небу облака.

Будьте терпеливым и добрым к себе. Все совершают ошибки. Прощайте себя.

Берите все что нужно, это подарок судьбы.

Как только вы осознаете свои слабые места, вы станете сильнее.

"Возьмите себе целевую мыслеформу: я – хозяин своего сознания; пульт управления – в моих руках; я и только я решаю, какие кнопки нажимать; я управляю своими мыслями; у меня чистое и ясное сознание; я все могу; я безраздельно правлю в своем королевстве; со мной Сила."

Вадим Зеланд

Вы сможете встретить человека своей мечты очень скоро.

Если перед тобой великая цель, а возможности ограничены, все равно иди к ней.

«Есть два способа самовыражения — аутентичный и стратегический. Аутентичный — показывать то, какой вы на самом деле.

Стратегически — изображать кого-то другого с целью получения выгоды. Любой, идущий стратегическим путем рано или поздно обнаруживает, что все те блага, которые у него появляются, получает на самом деле не он, а имидж, призрак, который он сам же и сотворил» Роберт Резник

Выражайте благодарность — будьте благодарны за окружающую вас красоту, даже если это маленькое дерево в центре большого города. Будьте благодарны за еду, которую вы собираетесь съесть, и за все остальное, что благословенно вошло в вашу жизнь, в том числе за что-то негативное, оказавшееся замечательным уроком жизни, расширившим ваш духовный рост.

Эти люди церемониться не станут. Будьте осторожны.

Завтра будет просвет, если жизнь кажется вам грустной.

Очень скоро вы наверстаете то, что упустили.

Каждый вызов – это возможность для развития, за ним придет успех.

Все ли о чем вы мечтаете, вам так необходимо?

Смотрите, как играют дети — постарайтесь вспомнить очарование первого ощущения и невинность детства.

"Вы создаете свою личную реальность посредством сознательных убеждений относительно себя, других, и мира в целом." Джейн Робертс

Поставьте себе вопрос: "Какое решение соответствует моим ценностям и принципам?"

Проследите за своими эмоциями и интуицией, но не полагайтесь только на них. Объедините их с логическим мышлением.

Секрет в том, что страхи не только истощают позитивную энергию человека, но позволяют находиться под контролем тех, кто их навязывает.

Выставьте приоритеты, вы поймете, что наиболее важно для вас на самом деле.

Держите свои планы в секрете, пока не осуществите!

Вибрации низких энергий могут управлять нашей жизнью. Помните об этом.

Планируйте свое время и пишите список дел на каждый следующий день, будете более организованным.

Не стройте церемонии, где их не оценят.
Скажите то, что считаете нужным сказать.

Если вы показываете миру, что ваши границы можно продавливать, дальше вы начинаете привлекать много желающих это сделать.

Вы найдете новые способы выражать свою творческую идею и привлечете нужных вам людей. Как вы относитесь к популярности?

Так ли важно иметь много денег на счету? Может просто достаточное их количество для всех ваших планов?

Завтра отнеситесь ко всему спокойно, чтобы ни случилось. Это пройдет, как и все проходит в жизни. Начнется новая глава.

Любить – это принимать человека, которого любите таким какой он есть. Со всеми его плюсами и минусами. И оставаться собой!

Если вам нужно расслабиться, попробуйте сделать глупое лицо перед зеркалом — это гарантированно вызовет улыбку.

Проведите SWOT-анализ для оценки ваших собственных сильных и слабых сторон, чтобы понять, в каком направлении двигаться дальше.

Вы родились, чтобы быть счастливым. Все остальное неважно. Об этом стоит подумать.

Пора расставить приоритеты и выписать на листе бумаге ваши реальные мечты и желания.

Подумайте, что можно сделать, чтобы вы чувствовали себя лучше? Может просто искренне поговорить с самим собой, найти причины?

Прошлое прошло, его нет. Будущего еще нет. Живите в настоящем, цените его. В мире много всего, чему можно искренне порадоваться.

Простите себя и других — никто из нас не совершенен; есть те, кто обидел нас, и те, кому сделали больно мы. Простите их, но не забудьте простить себя тоже.

Берегите себя! Думайте о том, чего вы хотите.
Оставьте другим их проблемы. Это ключ к счастью.

"Изменение, как вы должны знать, включает в себя не только рост, но и полную дезориентацию, чтобы освободить место для другой, возможно, более новой ориентации. Вы видите реализацию ценностей с точки зрения роста, и поэтому думаете о распаде с точки зрения психического разрушения и смерти. То есть вы видите конца, как следствие любого начала." Джейн Робертс

Не удовлетворяйтесь тем, что похуже. Вы достойны лучшего

Цените близких, это ваш тыл.

"Чтобы избавиться от беспокойства по поводу той реальности, которую вы не в силах изменить, нужно принять ее." Вадим Зеланд

№6

Сон и отдых – вот что вам нужно. Желательно на берегу моря.

Представьте себе возможные последствия вашего решения и подумайте, сможете ли вы справиться с ними.

Завтра вам лучше отдохнуть от всех дел.

Вам стоит написать на листе бумаги все плюсы и минусы предстоящего решения, тогда вы точно будете уверены в том, что именно это вам нужно.

Держите свои планы в секрете!

Все в ваших руках.

Вы будете иметь возможность насладиться моментом и научиться ценить простые радости жизни.

Вы любимы и ценны такой, какой вы есть.

У вас есть друзья, они готовы поддержать вас в любой ситуации. Хотя надеяться надо только на самого себя.

Учись брать ответственность и отвечать за свои поступки.

Вы сумете создать гармоничные отношения, если будете относиться с уважением к своему партнеру.

После дождя из-за туч выглянет солнце. Улыбнитесь.

Какой интерес только мечтать, пора действовать.

Понаблюдай за своим недоброжелателем, какие у него слабости, в чем его сильные стороны. Используй это.

Пора научиться чему-то новому. Или найди интересную книгу.

Если человек не стремится к встрече, это не ваш человек. Ищи тех, для кого вы интересен.

Настойчивость – прекрасное качество, в определенных делах. Во всем нужен баланс.

"Твое счастье — не состояние, не преходящий опыт, не переживание, и не чувство, которое вам могут дать другие. Твое счастье — бескрайнее, вездесущее, ничем неограниченное пространство сердца, в котором радость и грусть, блаженство и тоска, уверенность и сомнение, одиночество и «соединенность», даже страх и сильное желание, могут сменять друг друга, как дождливая и солнечная погода." Джефф Фостер

Сумете изменить свои убеждения и взгляды, поменяются и декорации.

Нужно помочь, если просят о помощи.

Не стоит предъявлять к жизни очень высокие требования. Чем выше статус, тем больше самодисциплины.

Не медли!

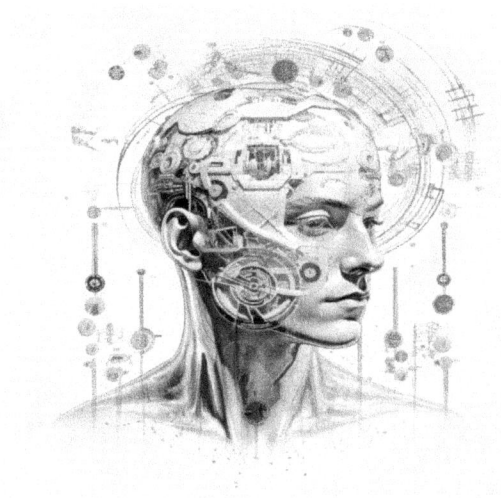

Люди разделяются на две группы: на тех, кто служит себе, и тех, кто служит другим. Где вы?

Иногда приходится жалеть о том, чего так долго добивался.

Вы часть мира вокруг и Мир любит вас.

Думаю, вам надо освоить комплекс упражнений и делать их.

Танцевать всего 10 минут в день, залог здоровья на долгие годы.

Вы создаете энтузиазм вокруг себя.

"Сознательный разум дан вам не просто так. Вы не находитесь во власти бессознательных побуждений, если только сознательно им не сдаетесь. Для проверки своего развития в любой момент можно использовать нынешние чувства и желания. Если вам не нравятся собственные ощущения, то стоит изменить природу своих сознательных мыслей и ожиданий. Вы должен изменить окраску сообщений, которые твои мысли передают телу, друзьям и знакомым." Джейн Робертс

Человек ответственен за ту энергию, которую он проецирует в мир и в собственное состояние. То есть, вибрации его мыслей, эмоций, настроений и действий отражаются как на качестве его собственной жизни, так и на всем, что его окружает.

Живи своей жизнью. К чему вам события внешнего мира.

Будь смелее, все в твоих руках.

Будьте благодарны своему телу.

Откройтесь новым идеям, они изменят вашу жизнь к лучшему.

Вы сами себе источник вдохновения и энергии.

Этот день и завтра идеально подходит, чтобы взяться за сложную задачу. Вы сумеете это сделать. Рискните попробовать.

Доверяйте тому, что с вами происходит.

Освойте новое дело. Это даст вам прилив сил.

Будьте готовы к переменам в ваших отношениях. Некоторые люди могут уйти из твоей жизни, но новые важные связи появятся.

Легче относитесь к жизни! Жизнь – это великолепное шоу, устроенное в вашу честь.

Пора в лес, на природу, услышать, как поют птица и шумят деревья.

Жизнь – это путь между прошлым и будущим. Где вы в ваших мыслях? Пора жить настоящим!

Держите свои планы в секрете!

Если вас охватывает нетерпение или гнев, просто повращайте глазами против часовой стрелки, и это пройдет.

Отчаяние не поможет вам, ищите другие эмоции. Новое состояние рождает новые связи.

Подумайте, как убрать из жизни беспокойство.
Может стоит больше доверять жизни, людям, миру?

Вскоре вам предстоит долгое путешествие, которое откроет новые перспективы.

Тревога истощает. Зачем вам эти эмоции и потеря энергии.

Не судите других, воспринимайте людей такими, какие они есть. Осуждая, набираетесь худшего. Учитесь у каждого человека лучшему и предоставляйте их самим себе. У каждого свой путь.

Сделай себе выходной, сходи в театр, музей, на выставку. Туда куда зовет душа.

Быть безжалостным – это нарушение гармонии между мягкостью и жестокостью.

Ищи как позаботиться о себе лучше.

Эгоизм и Альтруизм. Как и все противоположности подобные Инь и Ян. Ищи золотую середину.

Принять безусловно себя, других людей и мир, задача над которой стоит поработать.

Вы на правильном пути.

Раскрытие сердца является главным ключом к пробуждению глубокой осознанности.

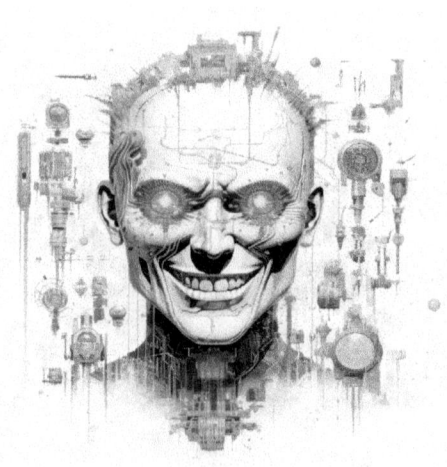

Отпустите контроль. Предоставьте всему быть таким как есть. Вас ждет много сюрпризов.

Некоторые люди, как родники с чистой водой. Вскоре вы встретитесь с одним из них.

"Каждый раз просыпаясь утром я становлюсь лучше и лучше во всех отношениях".

"Есть вероятность, что с возрастом не взрослеют дети, которых забыли позвать домой." Захарцева

Чувства и мысли свободны возникать и исчезать как будто не я их причина.

"Вы можете частично понимать природу реальности и жаловаться: «Я уверен, что сам создаю себе проблемы, но совершенно не способен изменить это». Если дело в этом, то — что бы вы себе ни говорил — вы так и не смог поверить в то, что сам являетесь творцом своего существования. Как только вы признаете этот факт, то сразу же сможете начать изменять то, что вызывает у вас недовольство или раздражение." Джейн Робертс

Иногда можно просто взлететь к облакам и интуитивно двигаться в направлении к своей цели.

Душа — это уровень наших искренних чувств, истинных желаний, эмоций и потребностей. Вспоминайте об этом чаще.

Высшее Я переживается как интуитивно ощущаемый внутренний потенциал. По какой-то причине его еще нужно актуализировать и стать самим собой.

Будьте с тем, с кем вам хорошо. Работай там, где вам комфортно и интересно работать.

Сколько денег на счету вам нужно для счастья? Можете ответить сразу? Умножьте это число на 10!

Цените свою уникальность и таланты.

Если накрывает грусть, повторяйте слова, просто прочитайте: радость, любовь, благодарность, счастье, нежность, чудо, желания, солнце, улыбка, подарки, легко, могу, свет, обнять, поцелуй, дружба, семья, богатство, праздник, красиво, прекрасно, тепло, приятно, гениально, получится, поддержка, вдохновение, чистота, свежесть, уверенность, доброта...

"Только отказываясь от своих функций, сознание отдает себя во власть «негативного» опыта. Только отказываясь от ответственности, оно отдает себя на милость событиям, над которыми якобы не властно." Джейн Робертс

Записывайте в течение недели каждый случай, что принес вам удовольствие! Так привлечете что-то важное в свою жизнь.

Может вам стоит побыть в одиночестве,
наедине с самим собой, хоть несколько дней?

Измените строгий распорядок дня хоть на один день. Прочувствуйте как это просто жить.

"Отпустить на свободу кого-то другого гораздо проще, чем сделать то же самое для себя самого".
Макс Фрай

Не взваливайте на чужие плечи то, что предстоит сделать вам. Это необходимо прожить самому.

А у вас есть собственный дом, место, где вы чувствуете себя в безопасности, уютно и комфортно?

Пока человек жив, ничего не пропало. Из любой ситуации всегда есть выход, причем не один, а несколько...

Вскоре вы встретите незнакомца с ясными глазами, который может стать вашим большим другом, если вам повезет познакомиться с ним.

Не люблю вредное, отупляющее, убаюкивающее вранье.

Человеческая жизнь абсолютно непредсказуема. Цените тех, кто с вами рядом.

Ваш дом там, где ваше сердце.

Если вы открыты к новым возможностям и готовы предпринимать действие — все возможно.

"Если важность не удается сбросить, тогда необходимо отпустить хватку контроля за ситуацией и перейти от переживаний к активным действиям. Просто начните действовать, хоть как-нибудь. Не имеет значения как, эффективно или не очень. Позвольте себе действовать из рук вон плохо. Потенциал важности будет рассеян в процессе движения, энергия намерения освободится, и у вас все получится." Вадим Зеланд

Каждый день это новый старт. Не привязывайтесь к тому, что произошло вчера.

Вы будете иметь столько успеха, сколько пожелаете.

Вам предстоит сделать сложное дело, к которому вы не знаете, как подступиться, разбейте задачу на множество подзадач.

Не берите ничего бесплатно, если не хотите потратить лишние деньги.

Шаг за шагом, и вы достигните своей цели.

Разрешить себе быть «неблагодарной», «невоспитанной», «сумасшедшей», «стервой» — если такова цена свободы.

Будь свободен. Благослови себя. Играй во всем что есть.

Добавьте немного нежности в свой день.

Ваше терпение окупается!

Вместо того, чтобы думать «что, если», думайте: «в следующий раз».

Фокусируясь на плохом или грустном, ум начнет останавливать ваше внимание на негативных и разрушающих ситуациях.

Записывайте и выполняйте планы. Вас ждет прилив сил и желание жить.

Приятные новости уже на пути к вам.

Всегда верьте, что все у вас будет хорошо. Оно так и будет. А боль — это процесс трансформации.

В любом незнакомом месте, забудьте о своей тонкой организации и попытайтесь определить степень реальной опасности и выхода из нее, в случае чего.

Пытайтесь дать себе честный ответ, чего вы хотите. Абстрагируйтесь от общественного мнения, которое навязывает вам желания.

Перестаньте жаловаться относительно своих проблем, а приступайте к их решению.

Каждый из нас новичок в этом прекрасном мире.

"Вы прекрасен в своем несовершенстве, возмутительно идеален в своих сомнениях, любим даже в своей неспособности любить. Все эти части вас — данность, все они часть целого, и вы никогда не был меньше целого." Джефф Фостер

Воспользуйтесь возможностью удивляться всем деталям дня, это поможет посмотреть на мир и окружение иначе, другими глазами.

Люди имеют способность управлять силами природы через умственную концентрацию и измененные состояния сознания, сливая ощущение своего тела с земными колебаниями.

Не решать — это тоже решение. Не менять — это тоже выбор. Если вы делаете такой выбор, будь с ним.

Празднуй каждое неповторимое мгновение своей жизни.

Вы будете выдающимися и успешными в своей карьере.

Любите себя так, как хотите, чтобы вас любили.

Откажитесь от общения с теми, кто вечно критикует и вечно всем недоволен.

Брак не спасает ни от проблем, ни от пустоты, ни от одиночества.

Вытаскиваем из себя все наши внутренние возражения, против того, чтобы пойти и сделать что-то классное.

Качество вашей жизни зависит от качества ваших мыслей.

У вас сегодня день удачи! Воспользуйся этим.

Напишите список желаний, самых невероятных, которые не сбудутся никогда. Перечитайте через год.

С каждым днём, с каждой минутой ваша жизнь становится лучше и лучше.

Послушайте классическую музыку или сходите на концерт.

Все, что вам нужно: ваши сила, мужество, сострадание и любовь — всем этим вы уже обладаете.

Вы можете забить гол! Будьте начеку.

Желание силы порождается чувством, похожим на детский гнев, в основе которого лежит страх.

Если вы всегда будете искать одобрения и поощрения со стороны, вы никогда не сможете почувствовать себя счастливым.

Благодарность повышает уровень дофамина и серотонина – нейромедиаторов, ответственных за чувства радости и счастья.

Полной ясности не будет никогда. Не жди ее, привыкай действовать в условиях частичной неопределенности.

Найдите уединённое место и крикните несколько раз во все горло. Это принесет разрядку и облегчение.

Не концентрируйтесь на негативе, думайте за что вы благодарны.

Подумайте, где и как накачаться энергией. Это вам пригодится в ближайшее время.

Тонус и здоровье физического тела — обязательное условие для здоровья духовного. Задумайтесь!

Люди не меняются, они просто снимают маски.

"У вас есть право. Право быть правым и неправым, право на это гигантское счастье, которое вы знал, когда был маленький. Вы дышите, и вы неотделим от жизненной силы, которая «оживляет» все, обнаруживает себя в каждом моменте этого невероятно чудесного, изумительного бытия."
Джефф Фостер

Не копайтесь в прошлом и не мечтайте о будущем. Найдите свою страсть и действуйте.

Восстановите душевное равновесие и все наладится само собой. Уверяю!

Ваше финансовое положение улучшится, если вы продолжите над этим работать.

Ни одна духовная практика не спасет от реальных проблем. Проблемы объективного реального мира решайте в этой реальности конкретными действиями. Да и несчитайте их проблемами!

Относитесь к себе хорошо, любите прощайте, любите. Вы достойны всего лучшего.

Найдите время, сходите в театр. Игра актёров поможет вам понять что-то важное.

Пишите с вечера план на следующий день, это повысит вашу производительность.

Делайте то, что вы делали в самом начале ваших отношений, и они никогда не закончатся.

Точность, внимание к деталям и в конечном бережность к ресурсам и на этапе строительства и в жизни в этом пространстве.

Продуманность рождает ясность.

В среду предстоит важная для вас встреча.

Беспокойство, внутренняя борьба, чувство вины, грусть и сожаления появляются, когда человек перестает жить настоящим.

Если смотреть глазами любви, все выглядит иначе.

Вспомните все подобные обещания, данные себе и другим. И решите, что с ними делать.

Ваши ценности и есть ориентир при выборе призвания в жизни.

Вы живете в согласии с невидимыми законами. И когда вы чувствуете эти невидимые фундаментальные законы, синхронизируетесь с ними, то видимые и невидимые силы включаются вам помочь, тогда все становится возможным.

Танец — это выражение эмоций и чувств. Он позволяет нам освободиться от стресса и негативных эмоций, а также передать радость и счастье через движение тела. Танцуйте каждый день!

Вы живете плодами своих действий, а твои действия — результат твоих мыслей. Фильтруй мысли!

Научитесь признавать свои ошибки.

Попробуйте попрактиковать закон Матфея. №2

Делайте то, что вам нравится. Зачем откладывать походы в театр, рыбалку или путешествия до пенсии?! Балуйте себя. Потратьте свое время и энергию на то, что будет вас наполнять.

"Семь дверей закрыты на семь ключей."
Н.Захарцева

Путь в тысячу ли начинается с одного шага. Этот шаг приведет вас к таким возможностям, о которых вы и понятия не имели.

Выследите свои привязанности, относитесь к ним без рвения. Вам не принадлежит ничего.

Кто ищет, тот находит.

Перестаньте пытаться все контролировать.

У вас дружелюбное сердце, и вами восхищаются.

Вы очаровательны и волнующи.

Купите цветы.

Спроектируйте свою идеальную жизнь. Какова ваша идеальная жизнь?

Учить принимать происходящее с вами, а не бороться с ним.

Все прошлые события были даны вам для того, чтобы набраться опыта и мудрости.

Основная цель — быть всегда в мире с собой, а не то, что вы думали.

Живите, как хочется, и не сравнивайте своё счастье с другим.

Если вы сможете в большей степени принимать других, они, в свою очередь, начнут принимать вас.

Необходимо быть уверенным в том, что ваши потенциальные, эмоциональные, интеллектуальные и физические возможности неисчерпаемы.

Медитация лечит душу.

Если другие участвуют в вашем успехе, вы обретаете настоящих союзников.

Вы были созданы для успеха, и пусть никто не смеет убеждать вас в обратном. А успех – это прежде всего великие свершения и наслаждение жизнью.

Все временно.

Превратите свое призвание в деньги.

«Вам дарован великий дар жить. Вы имеете возможность созерцать и чувствовать. Вам дарована возможность слышать музыку и видеть улыбку любимого человека. Вам дарована возможность идти босиком по нежной траве и плавать в могущественных реках. Рядом с тобой живут птицы и рыбы. У вас есть все чтобы любить и дарить любовь. В вас так много места для радости. У вас есть солнце и миллионы звезд. У вас есть все, и вы есть все. Вы есть жизнь, и вы можете дарить жизнь. Это прекрасно, что вы есть. И посмотри сколько у вас есть!!!» Вадим Зеланд

У вас есть право идти собственным путем.

Надо всё в жизни попробовать. Чтобы знать, от чего отказываться.

Ценности управляют вашими решениями. Решения формируют судьбу.

Можно взглянуть на все по-другому и понять, как незначительны жизненные неурядицы в масштабе целой жизни.

Лучше делать глупости, чем вообще ничего не делать!

Если у вас есть иллюзии, что с рождением ребенка ваша жизнь запахнет розами – подумайте хорошо, стоит ли вам вообще иметь детей.

Отношения – это обоюдная ответственность, и, если каждый будет отвечать за себя, а не партнера.

Завтра будет завтра, обрати свой взор на сегодня.

Расслабьтесь, помечтайте о том, что вы действительно хотите. И вы получите это.

Умей отказываться от лишнего.

Жизнь видит вас такими, каковы вы изнутри. А не такими, какими вы хотите показаться ей и окружающим вас людям. Будьте благодарны.

Не воспринимайте жизнь настолько серьезно.
Многое не зависит от вас. Станьте наблюдателем.

Никто не намерен вам вредить. Просто ваши картины мира не совпадают.

Сейчас все пойдет по вашему желанию.

Совсем нет нужды во всём участвовать, что попадает в поле твоего внимания.

Какие роли вы играете в вашей жизни? Думаю, вы очень мобильны и прекрасный сталкер. Вас ожидает новая роль.

Все возможно, если только верить в это.

Смейтесь над собой, над своим поведением. Вообще побольше смейтесь.

Это необязательно чувствовать себя нужным. Вы нужны себе прежде всего.

Самый простой способ поднимать частоту вибраций – позитивные мысли.

Если с самого начала у вас с партнером нет ничего общего, то вряд ли оно появится.

Поверните зависть на позитивный лад, просто захотите иметь еще лучше.

Ваша интуиция – ваш внутренний навигатор, и когда вы подключены к нему, он может почти безо всяких усилий направить вас по правильному пути. Прислушивайтесь к ней.

Ваш выбор концентрироваться на положительных или отрицательных чертах собеседника.

Если вы делаете главное, то есть познаёте самого себя во всех действиях и движениях мира через вас, тогда всё складывается само собой.

Проблемы и счастье не имеют никакой взаимосвязи. Станьте счастливым человеком.

Если вы чувствуете, что зашли в тупик, решая какую-то проблему, дайте себе немного времени, поскучайте. Решение возникнет у вас в голове неожиданно.

"Вы отчаянно желаете добиться цели? Хватит желать, вы и так свое получите. Просто думайте о том, что вы берете Свое. Берете спокойно, не требуя и не настаивая. Ведь я этого хочу, так в чем же дело? У меня это будет." Вадим Зеланд

Новые впечатления и новые друзья обогатят вашу жизнь.

Скоро ваша жизнь станет еще интереснее.

Относитесь нормально к врагам и доброжелателям, они мотивируют.

Любая мысль, возникшая в вашем мозге и укрепившаяся там, окажет воздействие на вашу жизнь. Мыслите позитивно.

"А бывает, что дверь открывается в тёмный лес, и вот тут приготовься." Захарцева

Воспринимайте критику, как совет сделать что-то лучше.

Реальность существует лишь в том виде, в каком представляется вам.

Будете легко вскакивать по утрам — и жизнь заискрится всевозможными красками!

Раздражение - признак внутренней неудовлетворенности. Всегда ли вы делаете то, что хотите?

У вас всегда есть выбор.

Отношения обеспечивают нас самыми важными духовными уроками в жизни. Вам необходимо научиться отдавать и любить безусловно.

Мы страдаем, когда мы сражаемся с реальностью.

Мы перенимаем качества той личности,
которую критикуем либо восхваляем.

Дружеская беседа может сломать барьеры, стоит попробовать.

Если внутри у вас засело чувство вины, жизнь найдет способ вас «наказать». Прощайте себя! Повторяйте "Я прощаю себя" снова и снова.

Дайте себе время на то, чтобы посмеяться, поиграть, повеселиться!

Вы заслуживаете всего лучшего.

Принимайте себя таким, как вы есть.

Вы хотите измениться и изменить обстоятельства? Начните думать и относиться ко всему немного иначе.

Танцуйте! Танец помогает выразить свою индивидуальность. Он позволяет каждому человеку найти свой уникальный стиль и способ выражения, что способствует развитию самовыражения и самоидентификации.

Гордость воспитывает в вас достоинство.

Обязательно купи чая, можно прямо сейчас. Гости на пороге.

Ищите причины своего гнева, может вы сердитесь от внутренней неудовлетворенности.

Всему есть причина и ничто не происходит по воле случая. Все, что ни происходит — все к лучшему.

Суть любой зависимости, в эмоционально напряженных ситуациях стремление найти опоры и центр во внешнем неэкологичном источнике.

Самое важное решение, которое вы можете принять — это быть счастливым во что бы то ни стало.

"Эскулап убирает косу. Не сегодня, дружок."
Захарцева

Все, что сделано с мастерством и любовью, несёт особый отпечаток того уровня жизни, где деньги тратятся на то, что ценнее денег.

Сделайте что-то необычно! Распишите стену, сделайте коллаж из обоев, вышейте крестиком инициалы на полотенцах, выгравируйте рисунок на деревянном столе. Всё это имеет силу гораздо большую, чем кажется на первый взгляд.

Каждая мысль, которую вы думаете, и каждое решение, которое вы принимаете, происходит из ваших убеждений и ценностей.

Не будьте добрым, будьте объективным, снисходительным и справедливым.

Все ограничения только у вас в голове.

Когда у вас есть контакт с миром, то твои желания и решения автоматически конгруэнтны желаниям и намерениям большей системы вокруг, в том числе намерениям природы.

Нас делают свободными наши жизненные ценности.

Больше молчите и меньше говорите. Особенно о своей жизни.

Не принимайте поспешного решения.
Присядьте, послушайте хорошую музыку, вкусно поешьте, улыбнитесь и дайте время себе подумать.

Зачастую простое прикосновение может быть эффективнее получасовой беседы.

Не спорьте, оставьте оппонента при своем мнении. Вам не удастся его переубедить.

Вы должны любить честность больше, чем деньги.

Выносите уроки от критики. Критика — это то, что может научить вас быть лучшим.

Каждый человек, что встречается на жизненном пути есть отражение какой-то части вас самого. Наблюдайте за людьми рядом с собой и вы поймете свои ошибки.

Отнеситесь с пониманием к тому, что у других людей, возможно иные взгляды на ситуацию.

Когда вы начнете бороться за радостную, интересную жизнь, не все будут готовы идти за тобой.

Бросайте нелюбимую работу или же учитесь получать от неё удовольствие, какая бы она ни была.

Отлично, вы открыты для новых вещей.

Самое ценное, что у вас есть — это твое время и энергия, так как обе эти субстанции ограничены.

Займитесь тем, чем хотели и мечтали заниматься с детства. Освойте гитару, пианино, вокал, горные лыжи, акварель, мозаику, глину и т.д.

Правда в том, что вы не для всех и не все для вас.

Отпусти людей, которые не готовы любить вас.

Пора выпустить пар и разрешить себе повысить голос!

Перестань вести тяжелые разговоры с людьми, которые не хотят меняться.

Учитесь говорить "нет".

Танец улучшает память и концентрацию. Он требует запоминания движений и комбинаций, что способствует развитию мозговой активности и улучшению когнитивных функций.

Фокусируйтесь на важном в данный момент, это поможет вернуть ясность мысли.

Ставьте себя на чужое место. Попытайтесь увидеть жизнь с позиции другого человека.

Вам нужно будет пройти и отпустить ярость, грусть и боль. Вам придется смягчиться, открыть сердце, начать доверять жизни.

Никакие жертвы не оправданы.

Не говорите плохо о других.

Не ври себе. Учись себя понимать. Осознавай свои истинные потребности и чувства. И думай, как вам будет лучше.

Делайте то, что в кайф. Или делайте все с кайфом. Это повысит качество жизни.

Если в подсознании высокий уровень агрессии, жизнь будет «нападать» на вас. Подумайте, как снизить этот уровень.

Подойдите к зеркалу, посмотрите в глаза своему отражению и скажите: "Ты лучший!" Можете даже подмигнуть!

Танцуйте дома один или с кем-то. Танец снимает стресс, улучшает настроение и повышает самооценку.

Попробуйте сегодня сделать что-то иначе, чем всегда. Пойти новой дорогой, купить то, что никогда не покупали, заговорить с незнакомцем.

Вы заслуживаете настоящей любви.

Воскресенье ваш удачный день.

Поговорите серьезно с самим собой о целях и желаниях, пусть и смутных.

Обстоятельства управляются только через управление собственными состояниями.

Заберитесь хоть на какую-нибудь вершину, почувствуйте, как это быть на высоте. И любая крыша подойдет тоже.

Вы подниметесь по лестнице профессионального успеха и достигнете вершины.

О чем вы думаете большую часть времени? Расставьте приоритеты, исходя из потребностей настоящего момента.

Наметьте 3–5 областей, в которых вы хотели бы изменить свою жизнь лет через 5–10.

Люди рациональные в наитие не верят, за что часто расплачиваются ощущением скуки и всякими другими дефицитными состояниями.

Вам пора в отпуск. Как насчет круиза?

Научитесь принимать то, с чем не согласны.

Прекратите отношения, которые не помогают вам.

Мир несправедлив. Нет гарантированных способов добиться успеха и гарантированных способов избежать неудачи.

Боль неизбежна, страдание – ваш личный выбор.

"Проблема возникает только тогда, когда присутствует стремление к результату. Когда прекращается поиск результата, только тогда нет никаких проблем." Джидду Кришнамурти

Прощайте других и люди станут относиться более снисходительно к вашим ошибкам.

То, что полностью понято, не будет повторяться.

Избавьтесь от привычки затягивать с принятием решений. 9 из 10 возможностей упускаются из-за промедления с предпринятым действием.

Развивайте себя и тренируйте мозг. Старайтесь определить свои слабые стороны и развивайте их.

Наблюдайте за своими мыслями и эмоциями, не оценивая их как плохие или хорошие, а просто обращая на них внимание – позволяя им быть, ничего не делая с ними.

Создайте пассивный доход.

Будьте честны с собой.

В конце каждого дня записывайте минимум одну вещь, за которую искренне можете поблагодарить: себя, людей, с которыми вы общались в течение дня и мир в целом.

Обнимите человека, которого любите.

Конечно, важно научиться проявлять уважение границ мягко и по-доброму. Но бывает по-разному.

Из хорошего контакта со своей силой рождается чувство безопасности и становится возможной настоящая доброта.

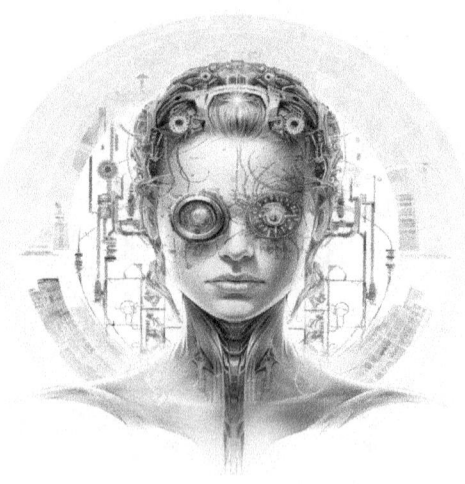

На 100% вы можете верить только себе.

Ум – лишь инструмент восприятия. Ему подвластно многое. Его можно натренировать и усовершенствовать.

Вы молодец! Вы действительно большой молодец!

Напишите письмо будущему себе. Как бы вы поступили, если бы были на 10 лет мудрее?

Почему вы ищете внимания? Потому что вы не уверены в себе, не знаете, кто вы. Подумайте, как исправить это.

Влюбитесь.

Вы отдельная личность, вы не должны любить то, что любят другие, вы имеете полное право жить без авторитетов. Нести ответственность за свой выбор вы тоже будете сами.

Хотите выиграть в лотерею? Дождитесь полуночи, закройте глаза и представьте перед внутренним взором цифры. Вам нужно записать только вторую пятую и шестую из тех что вы увидите.

Основа зрелости: если вы не виноваты, это не значит, что это не ваша ответственность.

Чуть больше креативности добавьте в то, что делаете.

Играй с собой и миром, а люди сами подтянутся и попросятся в твои игры.

Подумайте, что из того, что вы можете сделать сегодня, улучшит мир.

Все «люблю» быстро заканчиваются. Если вы не научились разговаривать, уважать заботиться друг о друге, то вам не стоило вступать в отношения.

Живите в удовольствие! Всё делайте в удовольствие.

Уберите неважное. Поймите краткосрочность таких вещей, как статус, слава, признание.

Не бойтесь задавать вопросы.

Постарайтесь найти путь 20/80. Минимум усилий, но максимум результата.

Осознавая слабые стороны и понимая, какой результат вы хотите получить, у вас гораздо больше шансов достичь успеха.

Ваша любовная жизнь расцветет, и вас ожидает романтическое приключение, которое перевернет ваш мир.

С благодарностью невозможно переборщить,
это чистая магия, действительно волшебное слово.

Твоя фантазия никогда не знает границ!

У вас превосходное умение адаптироваться к любым изменениям и трудностям.

О каком доверии может идти речь, если у вас хроническое ощущение небезопасности?

Сфокусируйтесь на создании, а не потреблении.

Очень скоро без причины вы будете чувствовать себя счастливее, чем когда-либо прежде в жизни, вы будете чувствовать, что все находится на своем месте, что нигде нет никаких ошибок.

Если внутри у вас страх, жизнь будет пугать вас. И наоборот.

Вы прекрасна. Вы красива. Вы очень умна. Вы замечательная. Если кто-то этого не понимает, это его проблемы.

Заводите новые знакомства. Это откроет для вас новые возможности.

Порой каждому из нас нужно остановиться, отдохнуть и выпустить пар

Часто мы забываем тот факт, что наша речь — это не только способ выражения мыслей, но и энергетический «заряд», имеющий внушение, влияние и настроенность. Слова обладают колоссальной силой.

Прощайте тех, кто просит прощения.

«Символические насилие» — это когда люди перестают желать того, что они хотят на самом деле, и начинают хотеть того, что объявлено как желаемое, распространено как образцы желаемого образа жизни.

"Отбросьте беспокойство, желание и надежду. Оставьте только спокойную уверенность." Вадим Зеланд. №7

Чаще говорите близким людям, что вы их любите.

Не будь лучшим. Будь уникальным.

Доверие невозможно скопировать. Вы не можете купить его. Его нельзя скачать.

Счастье не зависит от того, что у вас есть, а от того, как вы смотрите на то, что у вас есть.

Зачем вам совершенство. Просто живите, дышите ровно, глубоко.

Почему-то Мир вокруг не вступается за вас...
Ваш Мир — это зеркало и отражает твое отношение к самому себе.

"Пытались ли вы когда-нибудь посидеть совершенно спокойно, без малейшего движения тела, в том числе и без движения глаз? Посидите так две минуты. За это время вам откроется всё — если вы умеете смотреть." Дж. Кришнамурти

Поговорите со своими детьми, расспросите их о том, что они делали в ближайшие дни, что нового , похвалите, посочувствуйте. Это общение будет для вас хорошей подзарядкой на всю неделю.

Время посмотреть в зеркало и улыбнуться самому себе.

Время выбросить старое изношенное, ненужное из дома, из сердца из жизни!

Иногда к успеху приводит слепая удача. Вам предстоит испытать это на себе.

Позвоните приятному вам человеку, поговорите ни о чем, посмейтесь вместе!

Многозадачность изнашивает наш нейроресурс, делая нас менее эффективными.

Вас ограничивают только ваши собственные мысли и убеждения.

Потанцуйте сегодня, сейчас! Танец приносит радость и удовлетворение. Он позволяет нам наслаждаться моментом, забыть о повседневных проблемах и просто наслаждаться движением и музыкой.

И таким я тоже могу быть...

Наша социальная личность - это совокупность ролей, которые мы играем.

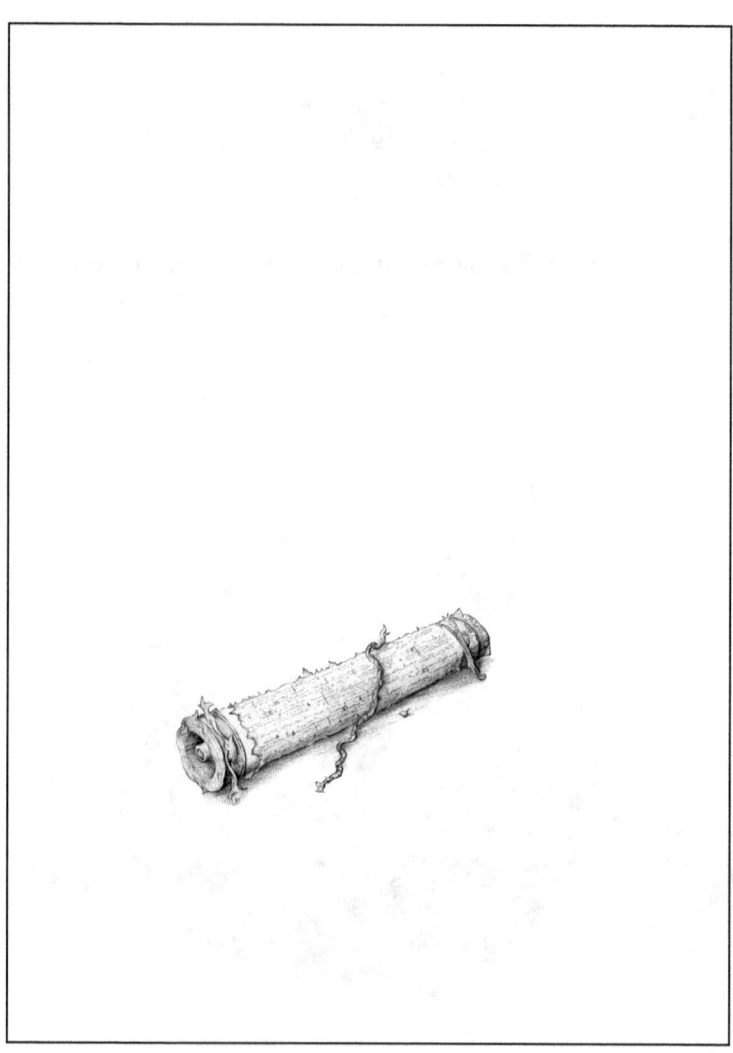

Референсы:

1.

Метод пяти «ПОЧЕМУ»

"Основатель компании Toyota, Сакити Тойода, постоянно пользовался правилом «пяти почему».

Во всех непонятных ситуациях он использовал этот метод, и тот ему всегда помогал.

Вот это правило.

Например, вам хочется шубу.

Спрашиваете себя: почему я хочу шубу?

Это первое «почему».

Отвечаете: потому что я хочу всех удивить.

Окей, второе «почему»:

Почему вы хотите всех удивить?

Ответ: потому что хочу, чтобы на меня обратили внимание.

Третье «почему»:

Почему вам нужно, чтобы на вас обратили внимание? Ответ: потому что я чувствую себя неуверенно.

Четвертое «почему»:

Почему вы чувствуете себя неуверенно?

Ответ: потому что я никак не могу реализоваться, потому что я сижу на одном месте.

Пятое «почему»:

Почему вы не можете реализовать себя?

Ответ: потому что я занимаюсь тем, что мне не нравится.

И скажи теперь, при чем тут шуба?"

2. Принцип Матфея

В Библии написано: «...кто имеет, тому дано будет и приумножится, а кто не имеет, у того отнимется и то, что имеет».

Плюсуйте все и "хорошее", и "плохое". На все мелкие проблему и удовольствия говорите себе: «Засчитывается», «Плюсую», «К счастью», «Ну, хорошо, и это в копилку», «Все к лучшему». И отмечайте, как все начинает меняться к лучшему.

3. Мозг любит держать все под контролем, но это невозможно делать всегда, и важно учиться отпускать контроль. Для этого учитесь делать это на мелочах - если вы всегда заправляете постель - попробуйте этого не делать пару недель).

4. "Чем больнее человеку видеть свой текущий уровень жизни по сравнению с желаемым, тем больше у него требований к тому, как быстро он должен двигаться вперед. В этом случае включается парадоксальный механизм «назло кондуктору пойду пешком». Если я не могу получить все и сразу, то я не буду унижаться и заниматься вот этой вот ерундой. Это все ниже меня. Читай «мне от этого больнее понимать, что я не могу иметь все, что я хочу, сегодня».

Дальше эта дельта боли превращается во внутреннего критика, который начинает нещадно изводить изнутри, требуя встать и пробежать сразу марафон.

У людей, которые многое по жизни достигли, тоже есть внутренний критик, но он может быть другого послания. Там больше про сравнение, свою недостаточность, что не так хорошо, как хотел.

А вот у людей, кто достиг малого или мало что сейчас делает, внутренний критик = уровень само ненависти = обращенной на себя дельте боли = отчаяние от разницы между желаемой жизнью и текущей, может просто зашкаливать.

И что в этом удивительного, что находиться под гнетом критика изо дня в день оказывается проще, чем немного снизить свою планку ожиданий и «унизиться до маленьких шагов».

Ведь пока вы планку не снизил всегда остается надежда, что вы в один день как встанете, да как осознаете, что у вас уже уровень С3.

А снизить планку до 10 минут каждый день, это как будто бы сдаться, проиграть, смириться со своей жалкой жизнью до конца своих дней.

Потому что внутреннее кривое зеркало работает именно так. " (автор неизвестен)

5." Ваше счастье не может прийти снаружи. Если так, то это зависимое, хрупкое счастье, которое вскоре обернется печалью. Затем, вас поглотит «сеть» из обвинений и вины, сожалений и «гонений». Твое счастье взаимосвязано с твоим присутствием, с твоей связью со своим дыханием, с телом, с «землей». Твое счастье не маленькое, и его невозможно «убрать» страхом, гневом, и даже самым сильным стыдом.

Твое счастье — не состояние, не преходящий опыт, не переживание, и не чувство, которое вам могут дать другие. Твое счастье — бескрайнее, вездесущее, ничем неограниченное пространство сердца, в котором радость и грусть, блаженство и тоска, уверенность и сомнение, одиночество и «соединенность», даже страх и сильное желание, могут сменять друг друга, как дождливая и солнечная погода." Джефф Фостер

6. "Чтобы избавиться от беспокойства по поводу той реальности, которую вы не в силах изменить, нужно принять ее. И вот тогда она, эта неудобная реальность, оставит вас в покое. Что значит принять? И почему таким образом можно избавиться от досаждающих проблем? Потому что, когда вы принимаете, вас это перестает волновать и заботить. До тех пор, пока это вас трогает, вы «не отпускаете» и транслируете это в зеркало. Зеркало всегда отображает образ ваших мыслей. Как только вы принимаете это — оно уходит из образа и, соответственно, исчезает из окружающей вас действительности."

Вадим Зеланд

7. "Отбросьте беспокойство, желание и надежду. Оставьте только спокойную уверенность. Ощутите это состояние намерения получить свое, без всяких условий и рассуждений. Например, я не задумываюсь, успею ли, подойдет ли автобус, сколько мне придется ждать... - я просто иду на остановку и знаю, что автобус сейчас подойдет. Пусть это состояние сопровождает вас повсюду."

Вадим Зеланд

Спасибо!

Спасибо, что читаете эту книгу!

Я хочу верить, что эта книга пригодилась и помогает вам в вашей жизни, как моральная поддержка хорошего друга, где-то подбадривает, где-то подскажет, где-то заставит задуматься.

Материал для этой книги собирался долго, а создавалась она под наитием, неоткуда взявшимся желанием сделать книгу именно такого формата в считаные недели.

Большое спасибо за помощь в создании книги Лесли Харвуд.

WELCOME TO
THE HAPPY STORY GARDEN

https://thehappystorygarden.co.uk

~

www.ingramcontent.com/pod-product-compliance
Lightning Source LLC
Chambersburg PA
CBHW070451120526
44590CB00013B/642